LES
MANIÈRES DE VOIR

DE

MATHURIN BLANCHET

Cultivateur à Pommereux (Calvados)

A PROPOS DES ÉLECTIONS

PARIS

E. LACHAUD, ÉDITEUR

4, PLACE DU THÉATRE-FRANÇAIS, 4

1869

LES
MANIÈRES DE VOIR

DE

MATHURIN BLANCHET

Cultivateur à Pommereux (Calvados)

A PROPOS DES ÉLECTIONS

Mathurin. — Eh! mais, Monsieur Chapotin, m'est avis que vous voilà en tournée électorale dans notre commune?

M. Chapotin. — Vous croyez, Mathurin?

Mathurin. — Dam! j'en suis sûr. Vous saluez tout le monde, et même tout à l'heure vous donniez une poignée de main à notre berger; dès lors, faut pas être bien malin pour imaginer que vous n'êtes pas venu exprès de la ville seulement pour nous faire honneur!

M. Chapotin. — Eh bien! c'est vrai, vous avez deviné juste, je me suis rendu chez vous pour vous éclairer sur le choix que vous devez faire aux prochaines élections.

Mathurin. — Eh bien! alors, mon bon Monsieur, fâché de vous faire de la peine, mais vous allez vous en retourner *bredouille.*

M. Chapotin. — C'est ce que nous allons voir.

Mathurin. — C'est tout vu, Monsieur Chapotin; croyez-moi, ne vous montez point la tête.

M. Chapotin. — Pourquoi donc?

Mathurin. — Pourquoi? Dam! réfléchissez un peu au moment que vous choisissez pour nous endoctriner à voter contre l'empire !... Ne faites donc pas l'ébahi, je jouis de tout mon bon sens et j'ai de la mémoire. Aux autres élections vous nous disiez : « Votons de manière à contraindre le pouvoir à nous rendre nos droits et nos libertés, » et aujourd'hui qu'il nous les a rendus de sa propre volonté, sans y être contraint, bien loin de là, vous n'êtes pas encore content ! Ah ça ! est-ce que par hasard vous voudriez qu'il nous rende aussi la république ?... Ne vous rebiffez point. Ça en aurait assez l'air. Mais alors, et dans ce cas, salut et fraternité tant que vous voudrez, citoyen, seulement je vous avertis que pour cette besogne-là, c'est temps perdu que de vous adresser aux paysans, *aux braves ouvriers de la terre*; comme vous nous appelez avant le vote, sauf à nous traiter après de *rustres*, *d'ignorants* et *d'imbéciles*. Voyez-vous, Monsieur Chapotin, nous sommes bien comme nous sommes, mieux, cent fois mieux que nous n'avons jamais été sous les autres gouvernements, et nous entendons y rester. Si ça dérange vos calculs et ceux de vos anciens ennemis, aujourd'hui vos alliés, tant pis pour cette jolie coalition de grands patriotes, mais quant à nous, notre devise est : *plus de révolutions.* C'est ma manière de voir.

M. Chapotin. — Je ne serais pas fâché, Mathurin, de vous entendre donner les raisons de cette manière de voir.

Mathurin. — Mais je viens de vous les dire : nous autres ignorants, nous n'allons pas chercher bien loin les motifs de notre politique. Ma foi non. Nous comparons tout bonnement ce que nous sommes sous le règne de Napoléon III, à ce que nous étions auparavant, et trouvons que jamais les produits de notre sol ne se sont mieux vendus et plus rondement.

M. Chapotin. — Bon, bon, je vois la conclusion, c'est à l'Empereur que vous faites honneur de ces avantages-là.

Mathurin. — Pardine ! ce n'est pas au roi de Prusse, j'imagine ! Oui, Monsieur Chapotin, c'est à l'Empereur que nous faisons honneur de ces avantages-là, et nous avons mille raisons pour le faire, que vous connaissez aussi bien que moi, ne vous en déplaise. Ainsi pour n'en citer qu'une, parce qu'elle est des meilleures, je vous dirai que tout rustres que nous sommes, nous avons supérieurement compris, quand une fois on nous l'a eu expliqué, ce qu'on appelle le *libre échange* et tout ce que nous devons à cette mesure-là. Or, en apprenant que c'était l'Empereur qui l'avait provoquée, et cela malgré les gens qui n'ont que des paroles creuses à notre service, dam ! Monsieur Chapotin, nous lui en avons su gré, et comme après tout, à regarder les choses en grand, le libre échange sera de plus en plus aussi utile à celui qui consomme qu'à celui qui produit, nous laissons batifoler ceux qui l'attaquent et nous en profitons.

En un mot comme en quatre, voilà qu'après bien des années, nous nous trouvons enfin à même d'élever notre famille moins durement, de ne plus appréhender la visite de l'huissier à l'époque du payement des fermages, d'acheter même de temps en temps de petits lopins de terre, ce qui nous permet de ne plus suer seulement sur celle des autres depuis le 1er janvier jusqu'à la Saint-Sylvestre ; tant et si bien enfin que ne visant point plus haut nous sommes contents, et que malgré tout ce que vous pourriez nous prêcher, nous ne voterons jamais pour des gens qui voudraient mettre l'Empereur dans l'impossibilité de gouverner. — Ajoutez à ce que je viens de vous dire, que depuis son avénement, des routes sans nombre, de grande communication, vicinales, départementales, traversent nos campagnes dans tous les sens, que c'est une vraie bénédiction. Ajoutez encore qu'au moindre sinistre, feu, grêle, inondation, venant abîmer notre pays, tout de suite, du jour au lendemain, la main généreuse du souverain s'ouvre largement pour nous venir en aide. Après ça, si vous ne trouvez point suffisants ces motifs de ma manière de voir, sauf votre respect, je n'en ai souci et ne m'inquiète point de la vôtre.

M. Chapotin. — Hélas ! mon pauvre Mathurin, dans tout ce que vous venez de dire, il n'est question que de bien-être matériel ; mais l'important, l'avez-vous ?

Mathurin. — A votre idée, Monsieur Chapotin, qu'est-ce donc que cet important qui nous manque ?

M. Chapotin. — Mais, malheureux, nos libertés dont on a fait litière ! et ce sont précisément ces précieuses libertés qu'on nous a ravies et dont on ne nous a rendu que l'ombre, quoi que vous en disiez, mon brave Mathurin, que nous autres libéraux sincères, nous réclamons avec un patriotisme qui brave toutes les rigueurs de l'autorité !

Mathurin. — Mon bon Monsieur, excusez-moi, mais je vous trouve drôle de réclamer si courageusement ce que vous avez sous la main !

M. Chapotin. — Comment, Mathurin, vous, un homme de bon sens, vous persisteriez à prendre l'ombre pour la réalité ?

Mathurin. — Ah! que nenni! et que je n'ai point cette habitude-là! Ne vous tourmentez point, ne vous démenez point, nous allons en venir à nos libertés; mais, en premier, laissez-moi vous dire que je m'ébahis de ce que vous avez l'air de compter pour rien le bien-être matériel. Comme vous êtes avocat, vous connaissez peut-être bien l'ancienne coutume du Perche ?

M. Chapotin. — Non.

Mathurin. — Eh bien! moi je la connais, et je vous apprends que son article 1er portait en toutes lettres : *Item faut vivre.* M'est avis qu'elle avait du bon, cette coutume-là, car rien de plus sûr qu'avant tout faut vivre, et j'ai même comme idée que si, par un coup du sort, vous vous trouviez privé de votre pitance indispensable, votre premier souci serait de remettre la main dessus avant de penser à vos droits et à vos libertés. Après ça, si je me trompe pour vous, je suis sûr et certain de pas me tromper pour nous autres. Oui, maître Chapotin, nous sommes tout aises et tout réjouis d'avoir enfin, depuis si longtemps qu'on en parle, la fameuse *poule au pot du bon Henri*, et du même coup nous en disons grand merci à l'Empereur.

M. Chapotin. — Oh!...

Mathurin. — Mais oui, mais oui, parce que le bien-être vient de l'ordre dans un État comme dans une famille, mon cher Monsieur, et que l'Empereur a commencé par rétablir l'ordre, ce qui prouve qu'il était né pour le gouvernement. Dam ! nous sommes bien ignorants sans doute, pourtant nous en savons encore assez pour comprendre que sans ordre pas de poule au pot et même les trois quarts du temps pas de lard au croc. C'est ma manière de voir.

M. Chapotin. — L'ordre ! toujours l'ordre ! l'ordre vous tient lieu de tout, Mathurin, nos droits et nos libertés ne sont rien à vos yeux.

Mathurin. — Mais, mon bon Monsieur, je ne suis point un de vos confrères et nous ne sommes point à l'audience ; c'est donc bien inutile de me faire dire ce que je n'ai point dit pour vous donner beau jeu. Nos droits et nos libertés! Mais j'y tiens tout autant que vous, plus que vous peut-être, quoique à tout propos vous en ayez plein la bouche, et pour sûr j'y tiens mieux que vous, soit dit sans me vanter, car louange de soi-même ne vaut rien. Seulement laissez-moi y arriver à mon aise à nos libertés. En ce moment il s'agit de l'ordre, et on ne m'ôtera pas de la tête qu'il passe avant tout et que l'Empereur a eu cent fois raison de commencer par le rétablir, puisqu'enfin il n'y en avait plus quand le suffrage universel l'a élevé au pouvoir. N'essayez point de me contredire. Gardez vos *si* et vos *mais* pour une autre occasion. Sans ordre pas de société d'aucun genre, entendez-vous, pas plus que de récoltes sans soleil. Vous hochez la tête, maître Chapotin ! Ah ça ! dites-moi, est-ce que pour vous deux et deux ne feraient plus quatre, mais quarante ?

M. Chapotin. — Non vraiment, et votre plaisanterie est mauvaise, mais à vous parler net vous m'impatientez avec votre ordre....

Mathurin. — Parlons-en un petit moment encore pourtant. Retenez votre humeur ; rien que deux mots seulement. Comme vous voulez endoctriner les autres à votre manière de voir, il y a gros à parier que vous n'êtes pas sans connaître jusque dans le menu tout ce qui s'est passé en France depuis 1789 ?

M. Chapotin. — Vous pouvez le croire.

Mathurin. — Eh bien, alors vous n'ignorez pas que, depuis cette fameuse date, chaque révolution qui a passé chez nous, et nous en avons vu de toutes les couleurs, a pas mal troublé et démoralisé les gens, et qu'à la dernière, dam ! c'était comme notre rivière après un orage.

M. Chapotin. — Je sais cela comme vous.

Mathurin. — Alors pour être juste, puisque vous savez ça comme moi, allez jusqu'au bout et convenez que Mathurin n'est déjà point si niais en soutenant qu'avant tout l'Empereur devait commencer par le commencement et.. Vous hochez encore la tête ! pourtant, Monsieur Chapotin, si, après une forte rafale, votre maison menaçait ruine, vous amuseriez-vous à délibérer si vous devez la faire peindre en rouge ou en jaune ? Non, est-il pas vrai ? Votre premier soin serait de l'étançonner pour la redresser ensuite sur ses fondements. Eh bien ! c'est juste ce que l'Empereur a fait pour la France, et c'est ce que la France attendait de lui en le nommant à cause de son nom.

M. Chapotin. — Chansons que tout cela ! chansons ! quand on veut user du pouvoir absolu, on allègue toujours l'ordre matériel troublé, le besoin d'assurer la sécurité du foyer et la paix des rues.

Mathurin.— Maître Chapotin ! vous m'excuserez, mais si, à l'avénement de Napoléon III, votre horloge marquait déjà l'heure de nos libertés, faut croire alors qu'elle était joliment détraquée.

M. Chapotin. — Finissons-en sur ce point, croyez si vous voulez à l'ordre troublé au point de rendre nécessaire pendant plusieurs années l'éclipse de la liberté, mais au moins, dans le cours de cette longue période, le pouvoir a-t-il fait pénétrer dans la vie sociale les deux autres grands principes de 89 ; *l'Égalité et la Fraternité*? ils n'avaient rien de menaçant pour l'ordre, je suppose !

Mathurin. — Aussi bien l'Empereur s'est employé à les développer comme on ne l'avait jamais fait avant lui.

M. Chapotin. — Ah ! par exemple !

Mathurin.— Pour vous étonner de ce que je viens de dire, ce serait à croire que vous avez la mémoire bien courte ou peut-être que vous vous imaginez que Mathurin n'en a plus du tout. — Si c'est là votre idée, Monsieur Chapotin, il y aurait sur ma parole, à en rabattre joliment.

M. Chapotin.—Alors n'allez pas par quatre chemins ; des faits, des actes, pas de mots, Mathurin.

Mathurin.—En premier, je ne vais pas par quatre chemins; en second, vous le savez bien, et pas d'aujourd'hui seulement, je ne me paye point de mots, maître Chapotin, comme vous savez, de même que je n'en paye point les autres ; par ainsi n'ayez point peur que je vous fasse votre compte en cette monnaie-là.

M. Chapotin. — A la bonne heure, voyons donc premièrement ce que l'Empereur a fait pour l'Égalité.

Mathurin. — C'était mon idée de commencer par là, mais tout d'abord, j'imagine que vous entendez par égalité ce que tous les gens raisonnables entendent.

M. Chapotin.— Ah ça, oui, par exemple, égalité civile, égalité politique, en un mot égalité devant la loi, car toute autre égalité n'est que le rêve d'insensés dont la place naturelle est à Charenton.

Mathurin. — Tout au moins nous sommes d'accord sur ce point-là. Eh bien ! alors, pour ce qui est de l'égalité civile, nous l'avons, surtout depuis le Code Napoléon. Il ne s'y trouvait qu'un article, un seul qui jurait avec les autres, et l'Empereur vient de l'effacer. — Vous savez, l'article 1781, d'après lequel le maître et l'ouvrier n'étaient point égaux devant la justice, puisque le premier était cru sur son affirmation, sans que l'autre puisse seulement ouvrir la bouche pour prouver qu'il en avait menti. — Vous n'aviez jamais songé, vous autres libéraux sincères, à rayer cet article-là, mais l'Empereur y a pensé lui, et aujourd'hui devant le juge, s'agissant du *quantum* des salaires convenus, la parole du maître, du patron, comme vous voudrez, ne vaut pas plus que celle du domestique ou de l'ouvrier. Est-ce de l'égalité, ça, maître Chapotin ?

M. Chapotin. — Oui, sans doute, mais c'est de l'égalité civile. Oh ! pour celle-là on en donnerait des deux mains, si nous en manquions. Seulement pour l'égalité politique, c'est une autre affaire, à moins que vous ne prétendiez, Mathurin, que c'est l'Empire et non la République qui a doté la France du suffrage universel.

Mathurin. — Nous allons y arriver à l'égalité politique et par conséquent au suffrage universel qui en est la maîtresse pierre fondamentale. Nous allons y arriver ; mais avant, un petit peu de patience si ça vous est possible, et n'embrouillons point l'écheveau. Laissez-moi donc vous dire encore qu'en ce qui est de l'égalité civile, c'est toujours l'Empereur qui a provoqué une loi qui doit affranchir l'ouvrier de l'obligation du livret, obligation bien humiliante, il faut en convenir, si humiliante même que je suis sûr et certain que MM. les libéraux sincères sont aux cent coups, comme on dit, de n'avoir pas cette fois encore pris les devants sur l'Empereur, qu'en dites-vous, maître Chapotin ?

M. Chapotin. — Je dis qu'on flatte les classes populaires et que ce n'est pas maladroit.

Mathurin. — Par ainsi, venir en aide aux classes populaires c'est les flatter; dans ce cas on ne fera point ce reproche à vos amis, car c'est une justice à leur rendre que s'ils les ont traités de *braves ouvriers de la terre, de braves ouvriers de l'atelier,* voire même de *frères,* ils ont toujours oublié de mettre en cela leurs actes d'accord avec leur langage.

M. Chapotin. — Mon Dieu ! Mathurin, n'entrons point, je vous prie, dans les questions d'intention.

Mathurin. — Je ne demande pas mieux, mais aussi, pourquoi y entrez-vous le premier. Pourquoi, quand je vous rappelle un acte par lequel l'Empereur vous fait voir clair comme le jour qu'il pense à bien des choses auxquelles vous et vos amis n'avez jamais pensé, lui supposez-vous des motifs bons tout au plus pour des hommes de parti ? Il fait le bien pour le bien, tâchez donc de le comprendre une bonne fois, et si ça vous dérange trop de lui rendre justice, tout au moins ne lui prêtez pas vos idées. Vous faites rire les gens sans passion, Monsieur Chapotin, en leur montrant ainsi le bout de l'oreille, et ils se demandent avec raison : Mais qu'est-ce donc que ça peut leur faire, s'ils sont réellement si libéraux, que ce soit l'Empereur qui finisse enfin la révolution de 89, puisqu'ils n'ont pas pu la finir. Est-ce qu'il n'y a pas assez longtemps qu'elle dure ?

M. Chapotin. — Laissons cela, Mathurin, je suis un vrai libéral, moi, j'ai fait mes preuves ; seulement les vrais libéraux ne s'en rapportent qu'à eux pour faire les affaires du pays.

Mathurin. — Eh bien ! alors, ils ont pour cela le suffrage universel, qu'ils en usent. Dam ! s'il ne leur donne pas raison, il faut bien qu'ils s'y soumettent pourtant, puisque c'est la République qui l'a introduit en France. Seulement, pour le dire en passant, comme elle n'a pas su le garder, c'est à l'Empereur que nous devons dire merci de l'avoir rétabli dans son intégrité première et acclimaté en le rapprochant de nous par le vote à la commune.

M. Chapotin. — Enfin nous voilà sur le chapitre de l'égalité politique. Ce n'est pas sans peine.

Mathurin. — Et nous commençons par le commencement : c'est l'Empereur qui a rétabli le suffrage universel et qui l'a implanté dans nos habitudes en le rapprochant de l'électeur. Est-ce ça ?

M. Chapotin. — Sans doute, mais après, qu'a-t-il ajouté au chapitre ?

Mathurin. — Ce qu'il a ajouté au chapitre ! à mon idée, vous le savez aussi bien que moi et peut être mieux, n'importe ! C'est égal, vous me le demandez, je vais vous le dire. Ecoutez donc un peu.

Le jury ne se recrutait que dans une seule classe, dans la vôtre, Monsieur Chapotin ; dès lors, vous trouviez que c'était superbe comme cela. Mais l'Empereur, qui est l'Empereur de tout le monde, lui, n'en a pas jugé de même, et au lieu de le composer seulement de patentés, de propriétaires munis d'une cote de contributions, ainsi que de messieurs pourvus d'un diplôme quelconque, il a trouvé plus conforme à l'égalité d'y faire entrer tous les citoyens. Ensuite, il a amélioré le sort des instituteurs, et poussé tous les enfants aux écoles du mieux qu'il lui a été possible, au point, mon cher Monsieur, que depuis son règne, elles sont fréquentées par douze cent mille élèves de plus qu'auparavant. Douze cent mille ! M'est avis que c'est un joli chiffre ! Qu'en dites-vous ? Après, il a multiplié les bibliothèques scolaires de manière qu'il est à croire et à espérer qu'au train dont ça marche, il ne se passera pas bien du temps avant que la dernière de nos communes ait la sienne. Attendez, ce n'est pas tout ; et puisque vous parlez toujours de la nécessité de favoriser le progrès des lumières, pour sûr vous serez content que je vous fasse souvenir encore que c'est lui qui a fondé l'enseignement qu'on appelle professionnel : vous savez, celui qui met la jeunesse à même de s'instruire du nécessaire relatif à l'état qu'elle a envie de choisir.

Mais qu'est-ce donc que vous avez, mon bon Monsieur ? J'ai comme l'air de vous faire de la peine.... Dam ! Pourtant ce n'est pas ma faute à moi. Si en toutes ces choses-là, et en bien d'autres également, les libéraux sincères, tout sincères qu'ils étaient, n'ont jamais rien fait que des discours !... Enfin, pour ne pas vous chagriner davantage en vous déroulant, à ma manière, ce que l'Empereur a ajouté au chapitre en question, je ne veux plus, pour en finir, que vous remontrer seulement que c'est toujours lui qui a provoqué la dernière loi militaire d'après laquelle tous les Français sont obligés au service personnel.

Ah ! si vous étiez juste, Monsieur Chapotin, comme vous lui sauriez gré, à l'Empereur, d'entendre de cette façon-là l'égalité devant la loi ; comme vous reconnaîtriez qu'il s'est consciencieusement préoccupé de mettre nos institutions de toute nature d'accord avec celle qui est le pivot de toutes les autres, avec le suffrage universel. Mais non, vous ne regardez qu'à l'étiquette du sac, elle est tout pour vous ; aussi, quoique vous n'ouvriez pas la bouche, quand vous parlez politique, sans invoquer *les immortels principes de* 1789, vous finirez, par me faire croire que vous répéte z ces mots-là comme le perroquet de notre curé répète le *Pater*, pour l'avoir entendu dire cent et cent fois par son maître.

M. Chapotin. — Et sans y rien comprendre, n'est-ce pas, Mathurin ? Allez donc jusqu'au bout de votre comparaison, ne vous gênez pas.

Mathurin. — Comparaison n'est pas toujours raison, Monsieur Chapotin, j'en conviens. Mettez donc que je me suis trop avancé et ne vous fâchez point. Je ne voudrais pas vous chagriner d'ailleurs ; mais, voyez-vous, je suis toujours si ébouriffé quand je vous vois marcher d'accord avec des gens qui, malgré leurs belles paroles, ne rêvent que priviléges, que ça me pique au vif contre vous, car enfin, qu'est-ce que vous pouvez comploter d'honnête ensemble ?

M. Chapotin. — Moi, Mathurin, je ne scrute les intentions de personne. Des citoyens parlent ma langue, ils proclament mes principes, cela me suffit, ils sont mes alliés.

Mathurin. — Faut croire alors que vous n'êtes pas trop difficile ni trop regardant.

M. Chapotin. — Vous n'avez donc pas d'alliés, vous autres ?

Mathurin. — Mais oui, mais oui, mon bon Monsieur, nous avons tout le monde.

M. Chapotin. — Vous vous flattez beaucoup, Mathurin.

Mathurin. — Pas tant que vous pourriez vous l'imaginer. Je vois pardine bien qu'il ne faut pas vous additionner dans notre chiffre. Aussi, quand je m'avance à prétendre que pour alliés nous avons tout le monde, c'est une manière de dire qu'une fois dans le plateau de la balance électorale, vous et les vôtres d'un côté et nous autres de l'autre, dam ! vous ne pourrez vous empêcher de convenir, maître Chapotin, au poids que vous pèserez, que je ne me suis point trop vanté tout à l'heure ; au moins, c'est ma manière de voir.

M. Chapotin. — Quel que soit le résultat, nous serons toujours de plus en plus loin de la fraternité.

Mathurin. — Soyez tranquille, l'Empereur suit son chemin sans s'émouvoir plus que de raison de tout ce que vous autres pouvez faire et dire. Il connaît sa force, lui qui a été acclamé à trois reprises par huit millions de suffrages. Aussi, jusque-là, mieux que quiconque avant lui, il en a fait de la fraternité.

M. Chapotin. — C'est singulier, pourtant, comme on ne s'en aperçoit guère.

Mathurin. — Vous riez blanc, mon cher Monsieur ! Ça ne devrait pourtant pas vous étonner, vous qui travaillez d'une si jolie façon à l'entretenir parmi nous. Mais écoutez donc, sans vous mettre en cause, comme vous dites à l'audience, maître Chapotin, vous devez savoir qu'il n'est pas donné à un homme, si bien intentionné qu'il soit, de faire entrer à son gré la fraternité dans les cœurs, puisque depuis l'Evangile....

M. Chapotin. — Sans doute, sans doute, mais, au moins, quand on est si bien intentionné, peut-on fonder des institutions et faire personnellement des actes marqués de l'empreinte de ce noble sentiment de sociabilité.

Mathurin. — Ah çà ! est-ce que vous revenez du Congo ? Ou bien auriez-vous l'idée que je ne sais pas que c'est à l'Empereur que nous devons l'abolition de la mort civile ; l'abolition de la contrainte par corps ; l'adoucissement de nos lois pénales, ainsi que du régime des prisons ; la faculté accordée à ceux que le juge a condamnés pour avoir ramassé dans les forêts plus de bois qu'il n'est permis, de se libérer de la peine encourue par des transactions, ou même par le travail ? Ne vous déconcertez point, ce n'est pas fini. — Vous figurez-vous que nous avons oublié que c'est à lui, et non à un autre, que nous devons l'assistance judiciaire, qui permet aux nécessiteux de plaider gratis, sans préjudice de la loi proposée qui, dans l'intérêt de tous les justiciables, débarrassera la procédure d'un tas de formalités, bonnes pour les gens de loi, je ne dis pas non, mais ruinantes pour les plaideurs ? Déjà même, vous devez le savoir mieux qu'un autre, maître Chapotin, il y a eu, grâce à l'Empereur, un commencement d'abatis dans quelques-uns de ces fourrés diaboliques à travers lesquels le pauvre monde ne pouvait qu'à grand'peine, et en laissant beaucoup de sa laine aux ronces, trouver le vrai chemin de la justice. Et, outre ces mesures et bien d'autres, est-ce que vous ne pourriez pas, en y mettant un peu de bonne volonté, vous rappeler les subventions aux sociétés coopératives, de secours mutuels, la fondation des orphelinats, des caisses de retraite pour la vieillesse, les prêts de l'enfance au travail, les habitations à bon marché, les assurances aux invalides du travail, l'établissement des refuges pour les convalescents sortant des hôpitaux, la nomination d'aumôniers des dernières prières, afin que le pauvre ne passe point du lit de l'hôpital au cimetière comme abandonné de Dieu et des hommes ? Et puis, les fermes-modèles et autres encouragements donnés à l'agriculture ; car la vraie fraternité pense à tout, s'étend aussi bien sur les villes que sur les campagnes, ressemblant en cela tellement à la charité que c'est à s'y méprendre et à croire qu'il n'y a que le nom de changé, pas davantage. A présent, répondez-moi franchement, Monsieur Chapotin : la main sur la conscience ! Personnellement, l'Empereur,l'a-t-il pratiquéc la fraternité ?... Vous n'oseriez jamais dire non, car vous savez bien que vous ne seriez cru de personne, puisque sous ce rapport, la France entière le connaît, et que des milliers de malheureux le bénissent ! Puis, tout près de lui, ses deux plus proches, suivent-ils oui ou non son exemple ? Auriez-vous oublié le choléra d'Amiens ?

M. Chapotin. — Nous parlons politique, Mathurin, ainsi laissons l'homme; il s'agit de l'Empereur.

Mathurin. — Ah mais! nous ne sommes pas comme ça nous autres *rustres*, ainsi que vous nous appelez *fraternellement*. Non, non; nous tenons à l'Empire par raisonnement, *par le nôtre*, Monsieur Chapotin, si vous voulez bien nous le permettre; mais nous sommes bien aises que celui qui est notre Empereur soit comme il est. Enfin, puisque ça vous contrarie et que vous aimeriez mieux le voir comme il n'est pas, reparlons politique et dites ce que vous avez à répondre au petit chapelet que je viens de vous réciter.

M. Chapotin. — Ah! mon Dieu, j'avoue franchement que votre nomenclature est exacte.... mais ne vous imaginez pas pour cela cependant que je serais bien embarrassé, si je voulais m'en donner la peine, de vous prouver qu'au point de vue politique vous exagérez singulièrement la portée de certaines mesures.

Mathurin. — Faut vouloir, mon bon monsieur, faut vouloir, Mathurin ne recule pas lui !

M. Chapotin. — Inutile, inutile. Qui donc ignore que tout pouvoir qui s'appuie sur les masses a surtout intérêt à leur donner des satisfactions peu compromettantes et, par exemple, s'applique de préférence à réaliser pratiquement quelques-unes des conséquences des deux immortels principes d'égalité et de fraternité proclamés par nos pères?

Mathurin. — Voilà de grands mots, maître Chapotin, mais à mon idée, comme à l'ordinaire, ils sonnent creux.

M. Chapotin. — Dites plutôt modestement, qu'ils expriment des idées au-dessus de votre intelligence, mon pauvre Mathurin. Au surplus, pour en finir sur ce point, je vous fais remarquer que ces deux dogmes, l'égalité et la fraternité, ne sont pas les seules conquêtes de 89, qu'il y en a une autre encore, inséparable de celles-ci, le dogme de la liberté, et que nos devanciers l'avaient placé en tête de leur magnifique devise, comme pour montrer que sans lui, les deux premiers n'étaient, pour s'exprimer ainsi, que des lettres mortes: parlons de celui-là, si vous voulez bien.

Mathurin. — Je ne demande pas mieux, pourvu que vous ne montiez point en ballon pour me lâcher de là *des idées au-dessus de mon intelligence.*

M. Chapotin. — Je resterai sur le terrain du simple bon sens.

Mathurin. — Ça vous sera peut-être bien difficile, mais, enfin tâchez-y, car faire des ascensions dans les nuages, ça a tout l'air, voyez-vous, d'une manière comme une autre de ne point répondre, et Mathurin ne s'y laisse pas prendre. Mais assez de paroles inutiles comme ça. Nous disons donc qu'en fait de libertés nous avons d'abord les libertés civiles. Celles-là ne datent pas d'hier, c'est vrai, mais pourtant il faut bien reconnaître que, dans le nombre, il y en a que nous avions perdues et que l'Empereur nous a rendues, et d'autres que nous n'avions jamais eues et qu'il nous a données. Par exemple : en cas de délit, la *liberté* provisoire du prévenu avec caution ou même sans caution et lorsqu'elle n'est pas accordée, tout au moins l'emprisonnement subi par le prévenu avant de passer en jugement, emprisonnement qui durait si longtemps autrefois, diminué de plus des trois quarts. — La loi sur les passe-ports, mise au rebut faute d'être exécutée. — La liberté de l'enseignement, la liberté du commerce. La loi sur les coalitions, qui permet aux ouvriers de s'entendre sur les questions de salaires, tandis qu'auparavant les maîtres et les patrons pouvaient seuls se coaliser. Comment trouvez-vous ça ? la solidarité du salaire contre-balançant la solidarité du capital! Vous n'y aviez pas pensé, vous autres, à cette combinaison-là, et m'est avis même que vos gros bonnets en avaient peur! Mais ne nous attardons point, je reprends : toujours dans l'intérêt des ouvriers, de *la classe la plus nombreuse et la plus pauvre,* entendez-vous, Monsieur Chapotin ; la liberté de former des chambres syndicales ni plus ni moins que des banquiers ou des agents de change... Mais je m'aperçois à vos airs dédaigneux que ces libertés-là ne vous tiennent guère au cœur, et que vous m'attendez à la liberté de la presse, et au droit pour tout le monde de se réunir en assemblée pour y prononcer des discours.

M. Chapotin. — Eh! parbleu, en pouvez-vous douter? N'est-ce pas en effet de liberté politique que nous sommes altérés? car, ainsi que je vous le disais en d'autres termes tout à l'heure, Mathurin, sans liberté, il n'y a qu'une fausse égalité et une fausse fraternité.

Mathurin. — Je vous fais bien excuse, mon bon Monsieur; mais dans un pays qui depuis bientôt quatre-vingts ans a vu tant de révolutions, la liberté politique ne prend point racine aussi facilement que l'égalité par exemple, qui était surtout l'idée foncière de 89, et nous le savons bien par expérience. Ça se comprend supérieurement d'ailleurs, dans un état démocratisé comme la France, l'égalité, la fraternité s'arrangent au mieux avec l'autorité, tandis que la liberté c'est cent fois plus dificile. Nous sommes assez vieux, vous et moi, Monsieur Chapotin, pour savoir à quoi nous en tenir là-dessus, et ce qui fait la difficulté de l'accord. Mais enfin, convenez-vous que l'Empereur s'emploie à la réaliser, la liberté? A votre idée avons-nous aujourd'hui, oui ou non, la liberté de la presse et le droit de réunion?

M. Chapotin. — Je réponds carrément que non et, si vous croyez le contraire, Mathurin, c'est qu'encore une fois vous prenez l'ombre pour la réalité.

Mathurin. — Je vous admire, mon cher monsieur! Quand la presse était soumise à l'autorisation et aux avertissements, si j'ai souvenance, vous ne demandiez que deux choses: la première, qu'elle ne fût plus soumise à l'autorisation du gouvernement, et la seconde, qu'au lieu des avertissements de l'Administration, elle n'eût plus affaire qu'à la justice dans le cas où, à tort ou à raison, on la croirait en faute; est-ce vrai ce que je dis là?

M. Chapotin. — Sans doute, mais après?

Mathurin. — Comment, après? ah ça! est-ce que vous n'avez pas eu satisfaction sur ces deux points-là?

M. Chapotin. — Nous voilà bien avancés, si depuis cette victoire de l'opinion, la justice frappe à tort et à travers de manière à rendre impossible l'exercice de notre droit.

Mathurin. — A ma manière de voir, vous ne devez peut-être pas autant de remercîments à l'opinion que vous voudriez le faire croire. Mais enfin, puisque c'est dans votre politique

de le dire, quand même vous n'en penseriez rien, passons là-
dessus ; seulement, toujours est-il vrai que, n'étant plus sou-
mis à l'autorisation et n'ayant plus à compter qu'avec la
justice, comme le premier venu qui trouble l'ordre, vous avez
la liberté de la presse. Vous aurez beau dire, nous voyons bien
que vous l'avez, quand ça ne serait qu'au déluge de nouveaux
papiers publics qui pleuvent jusqu'au fond de nos campagnes
comme giboulées en mars ; pour la justice, quand je lis
par hasard tout ce qu'on débite d'âneries et d'infamies dans
ces papiers-là, je vous déclare que si elle ne gênait pas un peu
ceux qui les écrivent, à mon idée, ce serait à n'y rien comprendre. Ce n'est pas pourtant, Monsieur Chapotin, que tout ce
remue-ménage, qui va se calmer après les élections, soit bien
dangereux. Non, ma foi ! et, à ma manière de voir, la justice
doit faire ce qu'elle fait, parce qu'elle est la justice ; mais, po-
litiquement parlant, ça fait plus de pitié que de peur.

M. Chapotin. — Vous vous mettez à votre aise.

Mathurin. — Ah ! ma foi, oui !..., et tenez, si j'étais le gouvernement, savez-vous ce que je ferais ?

M. Chapotin. — Dites !

Mathurin. — Eh bien ! je prierais la justice, si la chose est
possible, de donner licence de deux mois aux vôtres et à leurs
alliés d'écrire toutes les sottises qui pourraient leur passer par
la tête, et je vous réponds, Monsieur Chapotin, que, n'ayant
plus à compter qu'avec l'opinion, vous seriez si ébahis du petit
effet que vous faites, si ébahis, que je ne trouve point de paroles pour vous en donner l'idée.

M. Chapotin. — Que le gouvernement fasse donc cette
expérience pour la presse et les réunions publiques !

Mathurin. — Pour toutes les réunions publiques, vous n'y
pensez pas, car il y en a de si drôles, que ce serait à croire
que leurs orateurs viennent de s'échapper de Charenton. — Ah
bien, par exemple ! si on leur donnait carte blanche à celles-là,
il s'en passerait de belles, d'après ce que j'en lis ; mais elles ne
sont pas toutes taillées sur le même patron, Dieu merci ! et...

M. Chapotin. — Pardon, Mathurin, j'arrête au passage
deux mots que vous venez de prononcer. Vous avez dit, *Dieu
merci !* dans votre bouche ces mots m'étonnent !

Mathurin. — Ça vous étonne ! et moi ça ne m'étonne pas,
Monsieur Chapotin, de vous entendre me faire une pareille

réflexion! Je m'en doutais, mais je vois bien aujourd'hui, à en être sûr, que vous avez fini par prendre votre comédie au sérieux, jusqu'à croire que nous autres n'aimons pas la liberté et n'en avons point souci. Oui, oui, j'ai ajouté *Dieu merci*, parce que voyez-vous, Monsieur Chapotin, je m'aperçois que pendant que vous et les vôtres accusez le gouvernement de ne nous en rendre que l'ombre, les réactionnaires de toutes les couleurs, que nous reconnaissons bien pour nos ennemis naturels, malgré les antiennes libérales qu'ils nous débitent, rient sous cape de vos déclamations et se frottent les mains en vous voyant faire.

M. Chapotin. — Si bien que?.....

Mathurin. — Si bien que Mathurin qui, avant de mourir, voudrait voir la liberté prendre racine en France, est tout chagriné d'apprendre l'usage qu'en font ceux-là précisément qui crient sur les toits qu'ils n'en ont que le nom et qu'on leur tend des piéges..... Mais ce qui me donne de l'espoir, Monsieur Chapotin, ne vous en déplaise, c'est que l'Empereur ne bronchera pas d'une semelle dans la route où il est entré, et qu'il tiendra à honneur pour son règne de graver tout entière dans nos institutions la devise de 89. — Seulement, convenez, Monsieur Chapotin, que c'est un peu plus difficile que de la badigeonner sur toutes les murailles.

Maintenant, mon bon Monsieur, sauf votre respect, étant l'heure où il faut que j'aille à nos bœufs, je vous dis adieu : sans rancune de votre côté j'espère, car ce n'est pas ma faute, après tout, si, comme dit le proverbe, *étant venu chercher de la laine, vous vous en retournez tondu*.